中医师承学堂·中医人必读国学经典

龙若飞 编著
同有三和 书系主编

图话《大学》《中庸》

全国百佳图书出版单位
中国中医药出版社
·北京·

图书在版编目（CIP）数据

图话《大学》《中庸》/ 龙若飞编著 . — 北京：
中国中医药出版社，2023.2
（中医师承学堂 . 中医人必读国学经典）
ISBN 978-7-5132-7917-8

Ⅰ . ①图… Ⅱ . ①龙… Ⅲ . ①《大学》－研究②《中
庸》－研究 Ⅳ . ① B222.15

中国版本图书馆 CIP 数据核字 (2022) 第 218086 号

中国中医药出版社出版
北京经济技术开发区科创十三街 31 号院二区 8 号楼
邮政编码　100176
传真　010-64405721
北京联兴盛业印刷股份有限公司印刷
各地新华书店经销

开本 710×1000　1/16　印张 13　字数 48 千字
2023 年 2 月第 1 版　　2023 年 2 月第 1 次印刷
书号　ISBN 978－7－5132－7917－8

定价　92.00 元
网址　www.cptcm.com

服 务 热 线　010-64405510
购 书 热 线　010-89535836
维 权 打 假　010-64405753

微信服务号　zgzyycbs
微商城网址　https://kdt.im/LIdUGr
官 方 微 博　http://e.weibo.com/cptcm
天猫旗舰店网址　https://zgzyycbs.tmall.com

如有印装质量问题请与本社出版部联系（010-64405510）

凡例

1. 因篇幅原因，本书特将《大学》和《中庸》两部合为一部。《大学》《中庸》本为《礼记》中的两篇，南宋理学家朱熹将《大学》《中庸》从《礼记》中抽取出来，与《论语》《孟子》合称为“四书”。本书正文文字及标点主要参考《十三经注疏》（北京大学出版社 2000 年版）。

2. 本书采用插图，分为两部分：一是《养正图》，撷选历代帝王名臣轶事图迹；二是跟内容有关的《诗经图》、孔子事迹图等。

3. 本书两篇最后配有明代书法家姜立纲所写的《大学》《中庸》全篇，书法爱好者可以作为练习的摹本，即可学习书法，也可诵读经典，两全其美。

4. 本书注音主要依据《汉语大字典》（崇文书局、四川辞书出版社，1999 年袖珍本第二版），个别字注音和繁简字使用与通行本有分歧者，以《汉语大字典》为准。

5. 本书有阙漏、讹误者，尚祈方家惠予指正，并俟来日补苴罅漏。

策划人语

每个中医人，都应该诵读的国学经典

每个中医人，在“中医四大经典”之外，都应该有一套自己的“国学必读经典”。

无论是儒家经典《论语》《孟子》《大学》《中庸》，释家经典《心经》《金刚经》《六祖坛经》，道家经典《道德经》《庄子》，还是“不知易不足以言太医”的《周易》等，都是陪伴中医人成长的良师挚友。

经典诵读，不但能够让人“格物、致知、诚意、正心”，更能让人“止于至善，知止而后有定”，三学（戒定慧）成就，三慧（闻思修）顿开，乃至于“修身、齐家、治国、平天下”。

作为中医出版人，我们曾策划出版《中医经典大字诵读版》，深受广大读者欢迎。

作为每个中医人的经典读物，“中医人必读国学经典”系列同样应该成为每个中医人的必读书目，成为手不释卷的枕边书。

正如每个人都有不同视角的《伤寒论》，从不同视角诵读国学经典，能够读出

不同的味道。

所以，我们除了为国学经典的难读字词标注拼音，以方便进行原文诵读之外，不做过多注释和翻译（读者若需查找详细释义，通过网络和图书资料，非常容易找到诸多注释和翻译版本）。

我们特邀知名中医专家精选了这套“中医人必读国学经典”书目。这些经典，都为他们成为中医领域的佼佼者提供了直接的精神滋养。同时，为了让读者诵读更加舒适、惬意，我们特意邀请知名设计机构“今亮后声”为国学经典提供精美的插图与设计。

诵读国学经典，让经典的光芒照耀我们每个人的心灵。

刘观涛

2023 年 1 月 1 日

大學

大学

中庸

中庸

魏文侯與太子丹至鄉村觀農夫穫稻太子曰刈此甚快文侯曰春畊夏耘秋收冬藏胼手胝足終年勤動農夫之苦若此未可以其刈快而忽之也

明·王振鹏（传）《养正图卷·魏文侯》

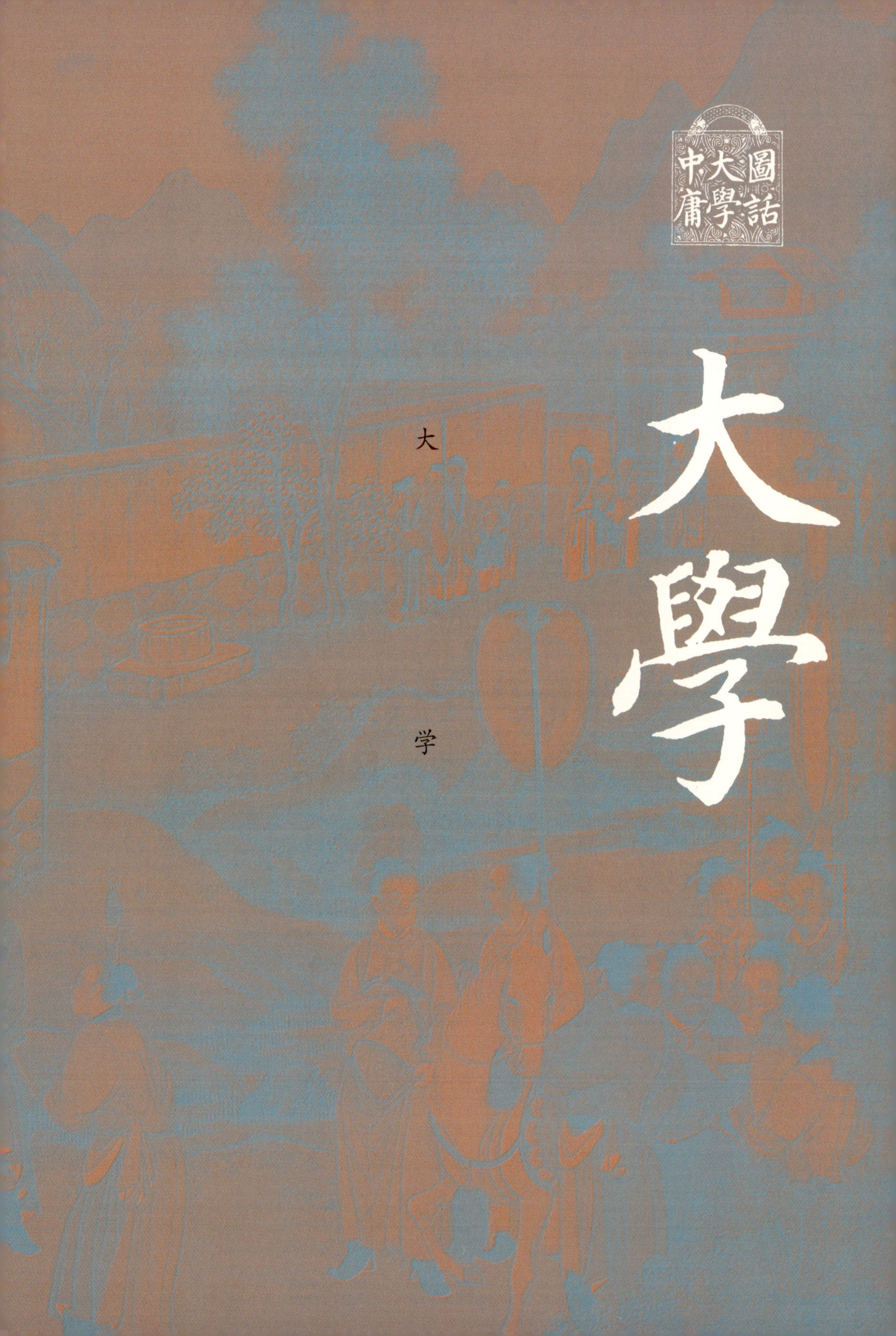
圖話
大學
中庸
大學
大
学

经一章

大学之道，在明明德，在亲民，在止于至善。

知止而后有定，定而后能静，静而后能安，安而后能虑，虑而后能得。物有本末，事有终始，知所先后，则近道矣。

古之欲明明德于天下者，先治其国；欲治其国者，先齐其家；欲齐其家者，先修其身；欲修其身者，先正其心；欲正其心者，先诚其意；欲诚其意者，先致其知，致知在格物。

物格而后知至，知至而后意诚，意

诚而后心正，心正而后身修，身修而后家齐，家齐而后国治，国治而后天下平。自天子以至于庶人，壹是皆以修身为本。其本乱而末治者否矣，其所厚者薄，而其所薄者厚，未之有也。

传一章

《康诰(gào)》曰："克明德。"《太甲》曰："顾諟(shì)天之明命。"《帝典》曰："克明峻(jùn)德。"皆自明也。

传二章

汤之《盘铭》曰："苟日新，日日新，又日新。"《康诰》曰："作新民。"《诗》曰："周虽旧邦，其命维新。"是故君子无所不用其极。

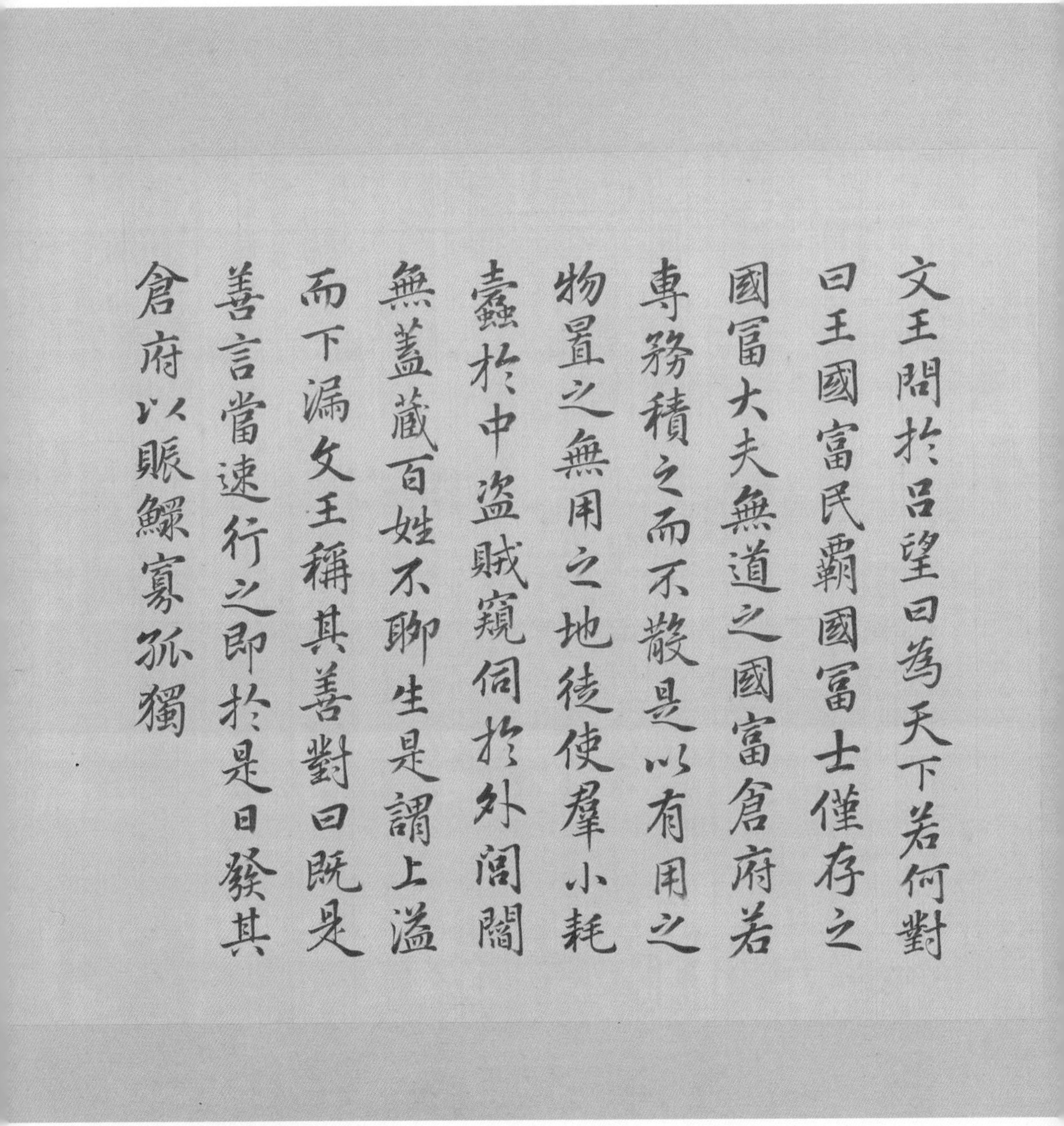

文王問於呂望曰為天下若何對
曰王國富民霸國富士僅存之
國富大夫無道之國富倉府若
專務積之而不散是以有用之
物置之無用之地徒使羣小耗
蠹於中盜賊窺伺於外閭閻
無蓋藏百姓不聊生是謂上溢
而下漏文王稱其善對曰既是
善言當速行之即於是日發其
倉府以賑鰥寡孤獨

清 · 冷枚《养正图册 · 周文王赈济鳏寡孤独》

传三章

《诗》云：“邦畿(jī)千里，维民所止。”

《诗》云：“缗(mín)蛮黄鸟，止于丘隅(yú)。”子曰：“于止，知其所止，可以人而不如鸟乎？”

《诗》云：“穆穆文王，於(wū)缉熙敬止！”为人君，止于仁；为人臣，止于敬；为人子，止于孝；为人父，止于慈；与国人交，止于信。

《诗》云：“瞻彼淇澳(yù)，菉(lù)竹猗(yī)猗。有斐(fěi)君子。如切如磋，如琢如磨。瑟兮僩(xiàn)兮，赫兮喧兮。有斐君子，终不可喧兮。”“如切如磋”者，道学也；“如琢如

清・高侪鹤《诗经图谱慧解・淇泉绿竹》

磨”者，自修也；“瑟兮僩兮”者，恂(xún)栗也；“赫兮喧兮”者，威仪也；“有斐君子，终不可喧兮”者，道盛德至善，民之不能忘也。”

《诗》云：“於戏(wū hū)，前王不忘！”君子贤其贤，而亲其亲。小人乐其乐，而利其利。此以没(mò)世不忘也。

传四章

子曰："听讼，吾犹人也，必也使无讼乎！"无情者，不得尽其辞，大畏民志。此谓知本。

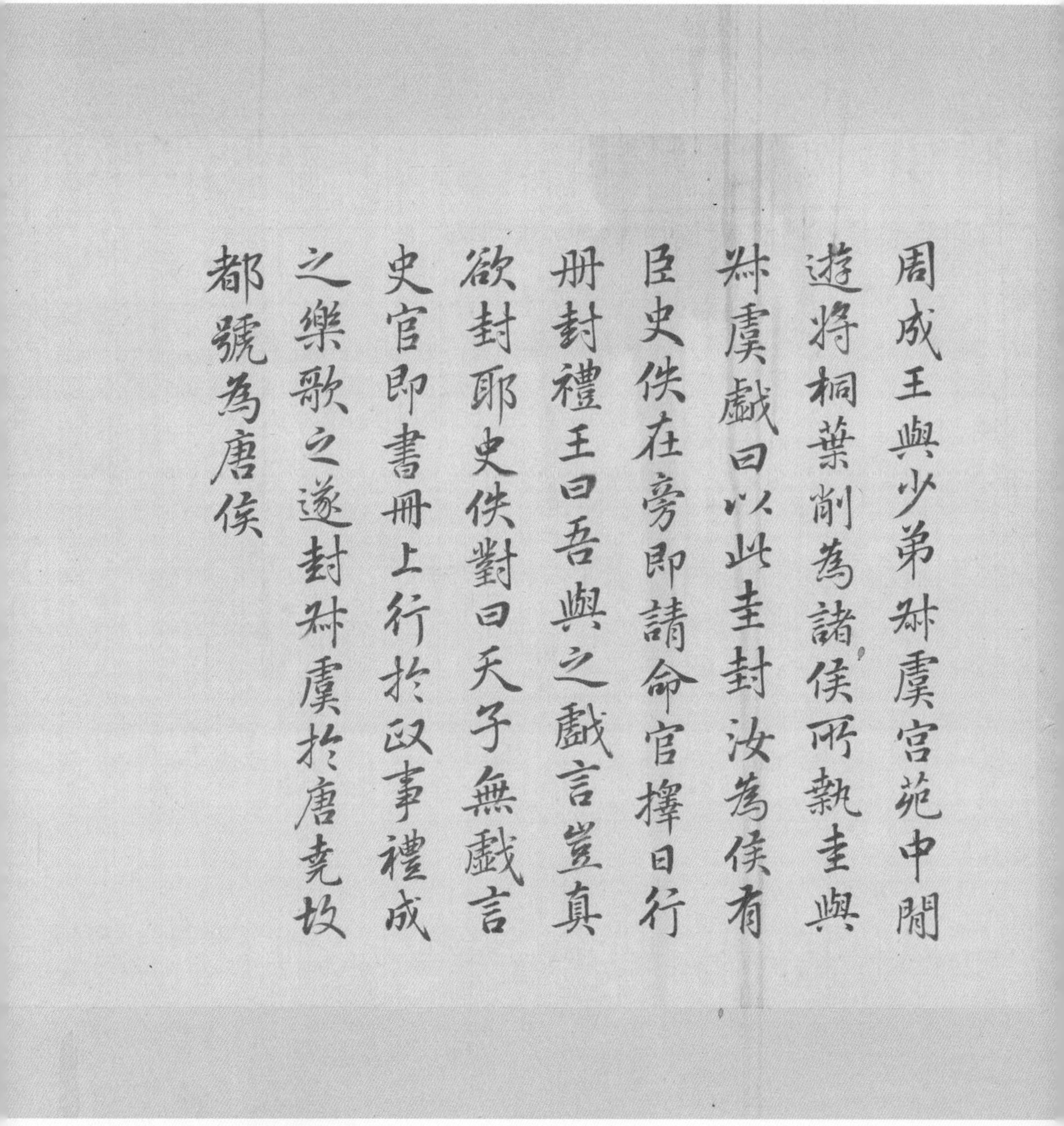

周成王與少弟叔虞宮苑中閒
遊將桐葉削為諸侯所執圭與
叔虞戲曰以此圭封汝為侯有
臣史佚在旁即請命官擇日行
冊封禮王曰吾與之戲言豈真
欲封耶史佚對曰天子無戲言
史官即書冊上行於政事禮成
之樂歌之遂封叔虞於唐堯故
都號為唐侯

清·冷枚《养正图册·周成王桐叶封弟》

传五章

此谓知本。此谓知之至也。

右传之五章，盖释“格物致知”之义，而今亡矣。间尝窃取程子之意以补之曰：“所谓致知在格物者，言欲致吾之知，在即物而穷其理也。盖人心之灵莫不有知，而天下之物莫不有理，惟于理有未穷，故其知有不尽也。是以大学始教，必使学者即凡天下之物，莫不因其已知之理而益穷之，以求至乎其极。至于用力之久，而一旦豁(huò)然贯通焉，则众物之表里精粗无不到，而吾心之全体大用无不明矣。此谓格物，此谓知之至也。”

传六章

所谓诚其意者，毋自欺也。如恶恶（wù è）臭（xiù），如好好（hào hǎo）色，此之谓自慊（qiè）。故君子必慎其独也。

小人闲居为不善，无所不至，见君子而后厌（yǎn）然，掩其不善，而著其善。人之视己，如见其肺肝然，则何益矣？此谓诚于中形于外，故君子必慎其独也。

曾子曰：“十目所视，十手所指，其严乎！”

富润屋，德润身，心广体胖（pán），故君子必诚其意。

曾参（明·佚名《至圣先贤半身像册》）

传七章

所谓修身在正其心者，身有所忿懥(zhì)则不得其正，有所恐惧则不得其正，有所好乐则不得其正，有所忧患则不得其正。

心不在焉，视而不见，听而不闻，食而不知其味。

此谓修身在正其心。

传八章

所谓齐其家在修其身者：人之其所亲爱而辟（通“僻”）焉，之其所贱恶而辟焉，之其所畏敬而辟焉，之其所哀矜(jīn)而辟焉，之其所敖（通“傲”）惰而辟焉。故好而知其恶，恶而知其美者，天下鲜(xiǎn)矣！故谚有之曰：“人莫知其子之恶，莫知其苗之硕。”此谓身不修，不可以齐其家。

传九章

所谓治国必先齐其家者，其家不可教而能教人者，无之。故君子不出家而成教于国：孝者，所以事君也；弟(tì)（通“悌”）者，所以事长也；慈者，所以使众也。《康诰》曰：“如保赤子。”心诚求之，虽不中(zhòng)，不远矣。未有学养子而后嫁者也。一家仁，一国兴仁；一家让，一国兴让；一人贪戾(lì)，一国作乱。其机如此。此谓一言偾(fèn)事，一人定国。尧、舜率天下以仁，而民从之；桀、纣率天下以暴，而民从之。其所令反其所好，而民不从。是故君子有诸己而后求诸人，无诸己而后非诸人。所藏乎身不恕，而能喻诸人者，

清·高侪鹤《诗经图谱慧解·桃夭图》

未之有也。故治国在齐其家。《诗》云：“桃之夭夭，其叶蓁蓁（zhēn zhēn）。之子于归，宜其家人。”宜其家人，而后可以教国人。《诗》云：“宜兄宜弟。”宜兄宜弟，而后可以教国人。《诗》云：“其仪不忒（tè），正是四国。”其为父子、兄弟足法，而后民法之也。此谓治国在齐其家。

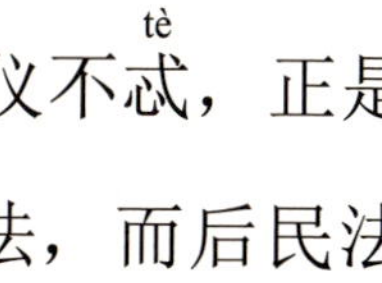

宜兄宜弟（南宋·马和之《诗经·小雅·蓼萧》）

蓼蕭澤及四海也蓼彼蕭斯零露湑兮既見君子我心寫兮燕笑語兮是以有譽處兮蓼彼蕭斯零露瀼瀼既見君子為龍為光其德不爽壽考不忘蓼彼蕭斯零露泥泥既見君子孔燕豈弟宜兄宜弟令德壽豈蓼彼蕭斯零露濃濃既見君子鞗革忡忡和鸞雝雝萬福攸同

蓼蕭

传十章

所谓平天下在治其国者：上老老而民兴孝，上长长而民兴弟（同“悌”），上恤孤而民不倍（同“悖”），是以君子有絜(xié)矩之道也。所恶于上，毋以使下；所恶于下，毋以事上；所恶于前，毋以先后；所恶于后，毋以从前；所恶于右，毋以交于左；所恶于左，毋以交于右。此之谓絜矩之道。《诗》云：“乐只君子，民之父母。”民之所好好之，民之所恶恶之，此之谓民之父母。《诗》云：“节彼南山，维石岩岩。赫赫师尹(yǐn)，民具尔瞻。”有国者不可以不慎，辟则为天下僇(lù)矣！《诗》云：“殷之未丧师，克配上帝。仪监于殷，峻命不易。”道得众则得国，失众则失国。是故君子先慎乎德。有德此有人，有人此有土，有土此有财，有财此有用。德者本也，财者末也，外本内末，争民施夺。是故财聚则民散，财散则民聚。是故言悖而出者，亦悖而入；货悖而入者，亦悖而出。《康诰》曰：“惟命不于常！”道善则得之，不善则失之矣。《楚书》曰：“楚国无以为宝，惟善以为宝。”舅犯曰：“亡人无以为宝，仁亲以为宝。”《秦誓》曰：“若有一个臣，断断兮无他技，其心休休焉，其如有容焉。人之有技，若己有之；人之彦圣，其心好之，不啻(chì)若自其口出。

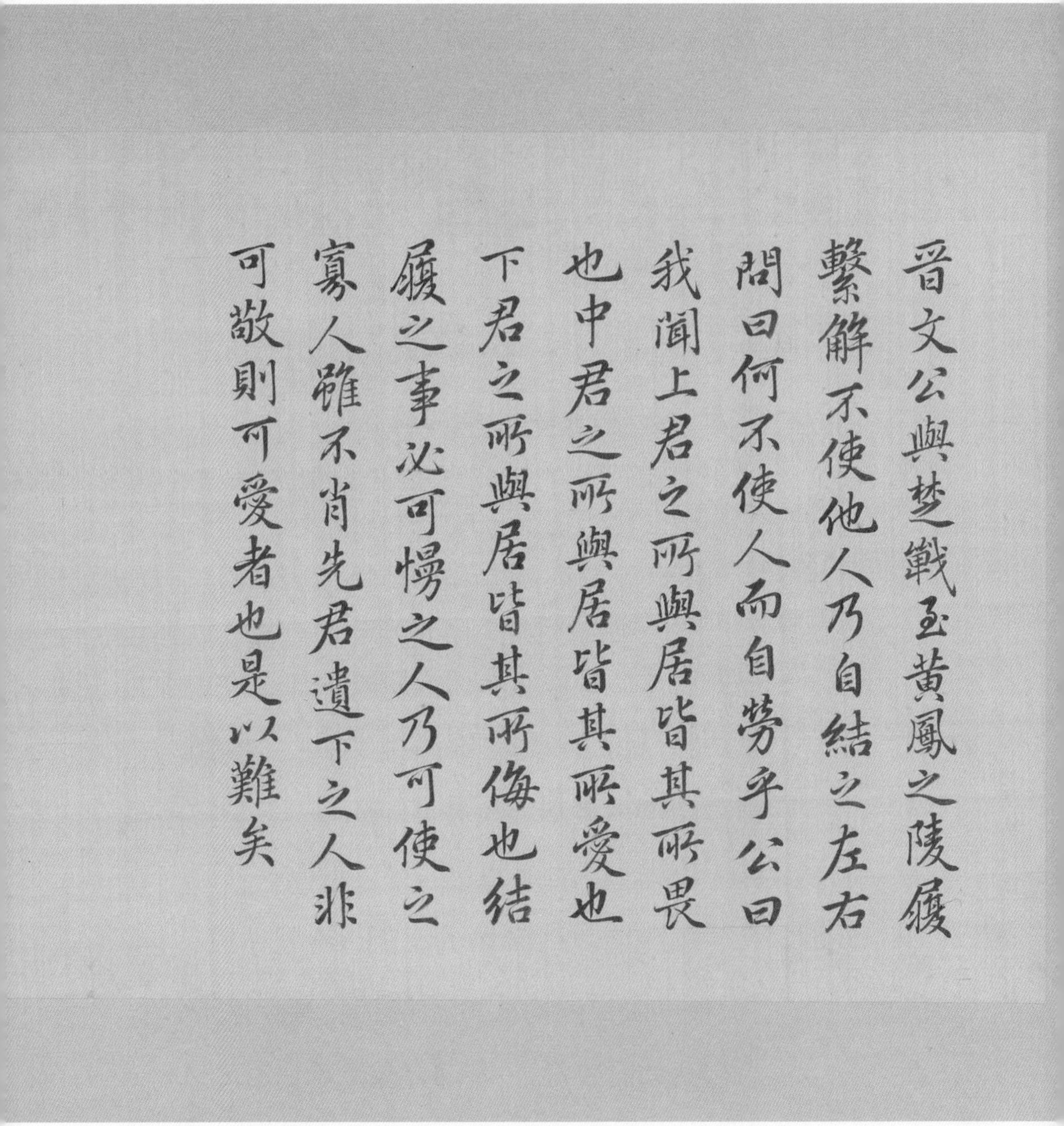
晉文公與楚戰至黃鳳之陵履
繫解不使他人乃自結之左右
問曰何不使人而自勞乎公曰
我聞上君之所與居皆其所畏
也中君之所與居皆其所愛也
下君之所與居皆其所侮也結
履之事必可慢之人乃可使之
寡人雖不肖先君遺下之人非
可敬則可愛者也是以難矣

清·冷枚《养正图册·晋文公自结履系》

实能容之，以能保我子孙黎民，尚亦有利哉！人之有技，媢(mào)嫉以恶之；人之彦圣而违之俾(bǐ)不通。实不能容，以不能保我子孙黎民，亦曰殆哉！”唯仁人放流之，迸(bǐng)（通“屏”）诸四夷，不与同中国。此谓唯仁人为能爱人，能恶人。见贤而不能举，举而不能先，命也；见不善而不能退，退而不能远，过也。好(hào)人之所恶(wù)，恶人之所好，是谓拂人之性，灾必逮夫身。是故君子有大道，必忠信以得之，骄泰以失之。

生财有大道。生之者众，食之者寡，

为之者疾，用之者舒，则财恒足矣。仁者以财发身，不仁者以身发财。未有上好仁而下不好义者也，未有好义其事不终者也，未有府库财非其财者也。孟献子曰：“畜（xù）马乘，不察于鸡豚（tún）；伐冰之家，不畜（xù）牛羊；百乘之家，不畜（xù）聚敛之臣。与其有聚敛之臣，宁有盗臣。”此谓国不以利为利，以义为利也。长国家而务财用者，必自小人矣。彼为善之，小人之使为国家，灾害并至。虽有善者，亦无如之何矣！此谓国不以利为利，以义为利也。

欲治其國者。先齊其家。欲齊其家者。先脩其身。欲脩其身者。先正其心。欲正其心者。先誠其意。欲誠其意者。先致其知。致知在格物。物格而后知至。知至而后意誠。意誠而后心正。心正而后身脩。身脩而后家齊。家齊而后

大學

大學之道在明明德在親民在止於至善知止而后有定定而后能靜靜而后能安安而后能慮慮而后能得物有本末事有終始知所先後則近道矣古之欲明明德於天下者先治其國

一

意而門人記之也舊本頗有
錯簡今因程子所定而更考
經文別為序次如左
康誥曰克明德大甲曰顧諟天
之明命帝典曰克明峻德皆自
明也
右傳之首章釋明明德

國治國治而后天下平自天子以至於庶人壹是皆以脩身為本其本亂而末治者否矣其所厚者薄而其所薄者厚未之有也

右經一章蓋孔子之言而曾子述之其傳十章則曾子之

知其所止可以人而不如鳥乎
詩云穆穆文王於緝熙敬止為
人君止於仁為人臣止於敬為
人子止於孝為人父止於慈與
國人交止於信詩云瞻彼淇澳
菉竹猗猗有斐君子如切如磋
如琢如磨瑟兮僩兮赫兮喧兮

湯之盤銘曰苟日新日日新又日新康誥曰作新民詩曰周雖舊邦其命維新是故君子無所不用其極

右傳之二章釋新民

詩云邦畿千里惟民所止詩云緡蠻黃鳥止于丘隅子曰於止

而利其利此以沒世不忘也
右傳之三章釋止於至善
子曰聽訟吾猶人也必也使無
訟乎無情者不得盡其辭大畏
民志此謂知本
右傳之四章釋本末
此謂知本此謂知之至也

有斐君子終不可諠兮如切如瑳者道學也如琢如磨者自脩也瑟兮僩兮者恂慄也赫兮喧兮者威儀也有斐君子終不可諠兮者道盛德至善民之不能忘也詩云於戲前王不忘君子賢其賢而親其親小人樂其樂

也蓋人心之靈莫不有知而
天下之物莫不有理惟於理
有未窮故其知有不盡也是
以大學始教必使學者即凡
天下之物莫不因其已知之
理而益窮之以求至乎其極
至於用力之久而一旦豁然

右傳之五章蓋釋格物致知
之義而今亡矣
此章舊本通下章誤在經
文之下
閒嘗竊取程子之意以補之
曰所謂致知在格物者言欲
致吾之知在即物而窮其理

不善無所不至見君子而后厭然揜其不善而著其善人之視己如見其肺肝然則何益矣此謂誠於中形於外故君子必慎其獨也曾子曰十目所視十手所指其嚴乎富潤屋德潤身心廣體胖故君子必誠其意

貫通焉則衆物之表裏精粗無不到而吾心之全體大用無不明矣此謂物格此謂知之至也

所謂誠其意者毋自欺也如惡惡臭如好好色此之謂自謙故君子必慎其獨也小人閒居為

右傳之七章釋正心脩身

所謂齊其家在脩其身者人之其所親愛而辟焉之其所賤惡而辟焉之其所畏敬而辟焉之其所哀矜而辟焉之其所敖惰而辟焉故好而知其惡惡而知其美者天下鮮矣故諺有之曰

右傳之六章釋誠意

所謂脩身在正其心者心有所忿懥則不得其正有所恐懼則不得其正有所好樂則不得其正有所憂患則不得其正心不在焉視而不見聽而不聞食而不知其味此謂脩身在正其心

后可以教國人詩云宜兄宜弟
宜兄宜弟而后可以教國人詩
云其儀不忒正是四國其為父
子兄弟足法而后民法之也此
謂治國在齊其家

右傳之九章釋齊家治國

所謂平天下在治其國者上老

人莫知其子之惡莫知其苗之碩此謂身不脩不可以齊其家

右傳之八章釋脩身齊家

所謂治國必先齊其家者其家不可教而能教人者無之故君子不出家而成教於國孝者所以事君也弟者所以事長也慈

之道詩云樂只君子民之父母
民之所好好之民之所惡惡之
此之謂民之父母詩云節彼南
山維石巖巖赫赫師尹民具爾
瞻有國者不可以不慎辟則為
天下僇矣詩云殷之未喪師克
配上帝儀監于殷峻命不易道

老而民興孝上長長而民興弟
上恤孤而民不倍是以君子有
絜矩之道也所惡於上毋以使
下所惡於下毋以事上所惡於
前毋以先後所惡於後毋以從
前所惡於右毋以交於左所惡
於左毋以交於右此之謂絜矩

而出康誥曰惟命不于常道善
則得之不善則失之矣楚書曰
楚國無以為寶惟善以為寶舅
犯曰亡人無以為寶仁親以為
寶秦誓曰若有一个臣斷斷兮
無他技其心休休焉其如有容
焉人之有技若己有之人之彥

得衆則得國失衆則失國是故君子先慎乎德有德此有人有人此有土有土此有財有財此有用德者本也財者末也外本内末爭民施奪是故財聚則民散財散則民聚是故言悖而出者亦悖而入貨悖而入者亦悖

人爲能愛人能惡人見賢而不
能舉舉而不能先命也見不善
而不能退退而不能遠過也好
人之所惡惡人之所好是謂拂
人之性菑必逮夫身是故君子
有大道必忠信以得之驕泰以
失之生財有大道生之者衆食

聖其心好之不啻若自其口出
寔能容之以能保我子孫黎民
尚亦有利哉人之有技媢疾以
惡之人之彥聖而違之俾不通
寔不能容以不能保我子孫黎
民亦曰殆哉唯仁人放流之迸
諸四夷不與同中國此謂唯仁

家。不畜聚斂之臣。與其有聚斂
之臣。寧有盜臣。此謂國不以利
為利。以義為利也。長國家而務
財用者。必自小人矣。彼為善之。
小人之使為國家。菑害並至。雖
有善者。亦無如之何矣。此謂國
不以利為利。以義為利也

之者寡為之者疾用之者舒則
則恒足矣仁者以財發身不仁
者以身發財未有上好仁而下
不好義者也未有好義其事不
終者也未有府庫財非其財者
也孟獻子曰畜馬乘不察於雞
豚伐冰之家不畜牛羊百乘之

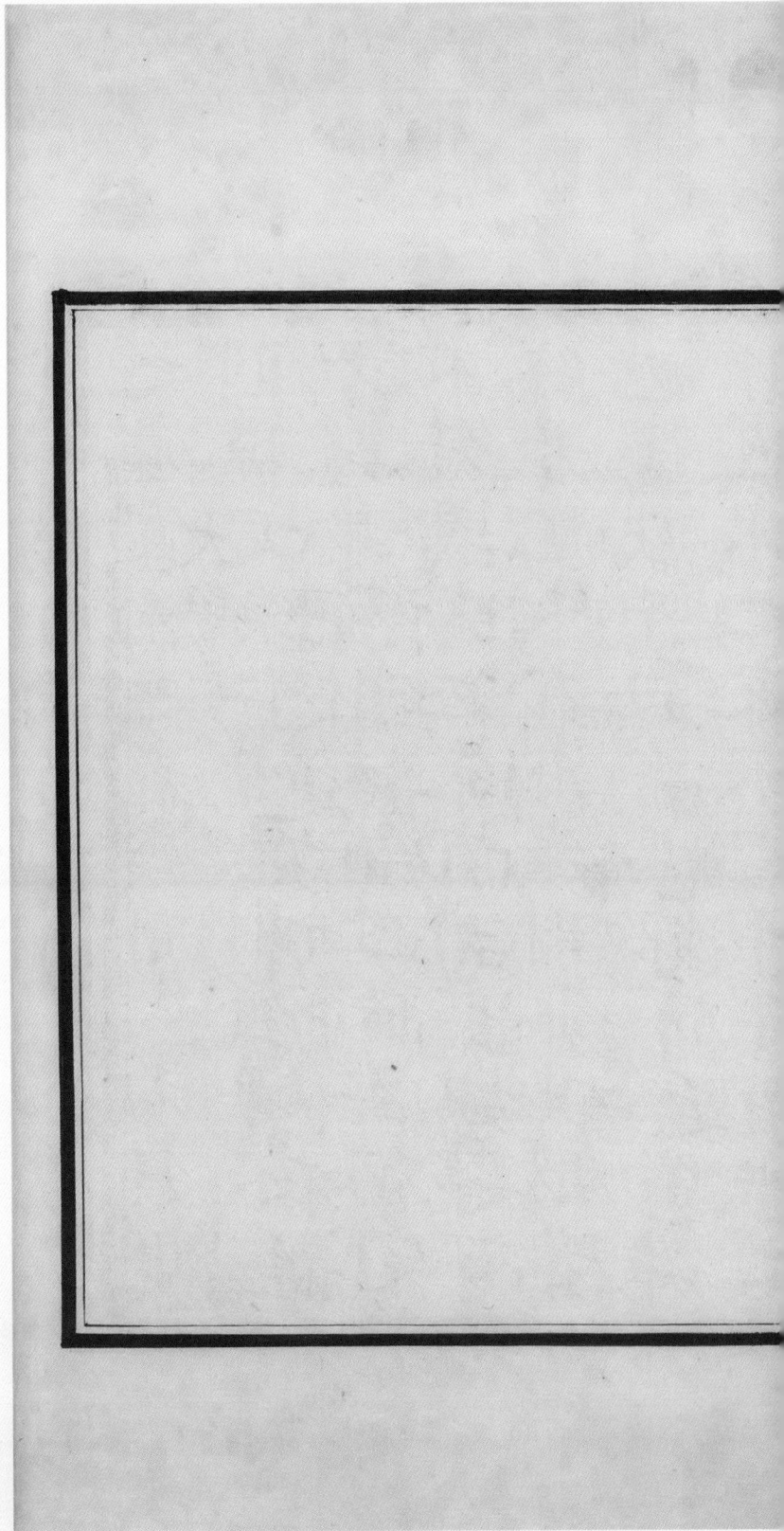

右傳之十章釋治國平天下
凡傳十章前四章統論綱領
旨趣後六章細論條目工夫
其第五章乃明善之要第六
章乃誠身之本在初學尤爲
當務之急讀者不可以其近
而忽之也

圖話
大學
中庸

中庸

中庸

第一章

天命之谓性，率性之谓道，修道之谓教。道也者，不可须臾(yú)离也，可离，非道也。是故君子戒慎乎其所不睹，恐惧乎其所不闻。莫见乎隐，莫显乎微，故君子慎其独也。

喜怒哀乐之未发，谓之中(zhōng)；发而皆中(zhòng)节，谓之和；中(zhōng)也者，天下之大本也；和也者，天下之达道也。致中和，天地位焉，万物育焉。

第二章

仲尼曰："君子中庸，小人反中庸。君子之中庸也，君子而时中；小人之反中庸也，小人而无忌惮也。"

第三章

子曰："中庸其至矣乎！民鲜(xiǎn)能久矣！"

第四章

子曰：“道之不行也，我知之矣。知(zhì)（同‘智’）者过之，愚者不及也。道之不明也，我知之矣。贤者过之，不肖者不及也。人莫不饮食也，鲜能知味也。”

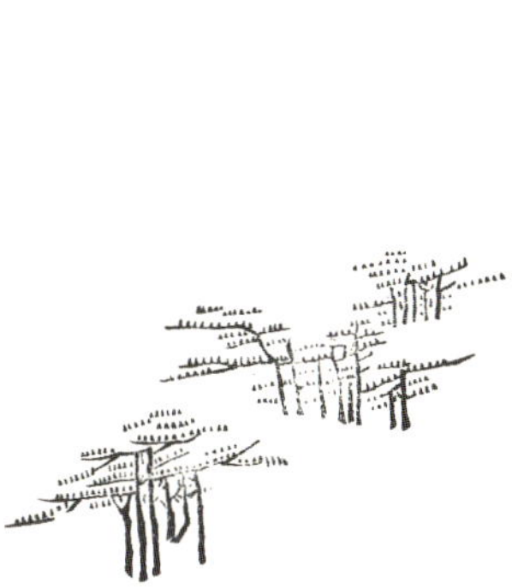

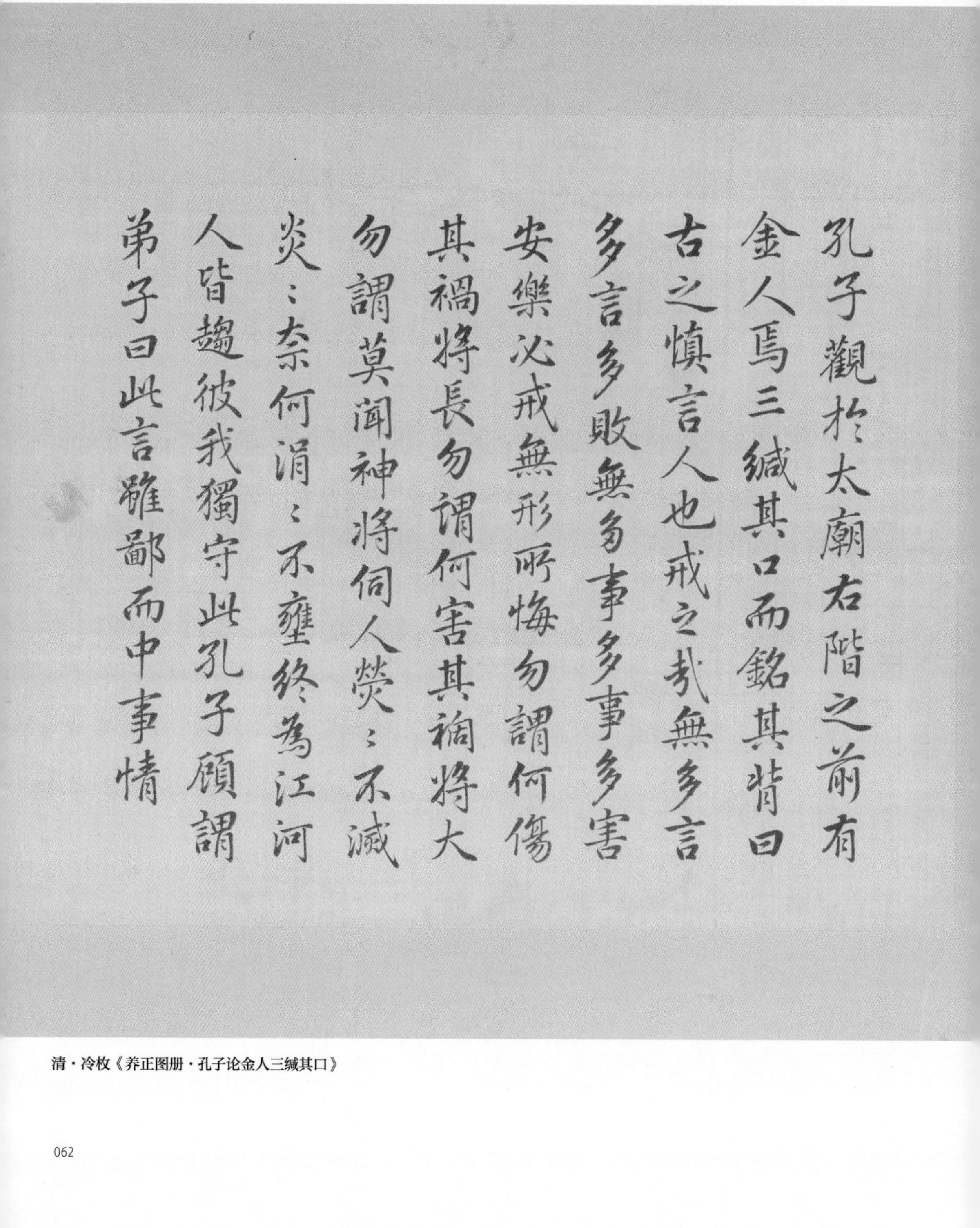

孔子觀於太廟右階之前有
金人焉三緘其口而銘其背曰
古之慎言人也戒之哉無多言
多言多敗無多事多事多害
安樂必戒無形所悔勿謂何傷
其禍將長勿謂何害其禍將大
勿謂莫聞神將伺人熒〻不滅
炎〻奈何涓〻不壅終為江河
人皆趨彼我獨守此孔子顧謂
弟子曰此言雖鄙而中事情

清·冷枚《养正图册·孔子论金人三缄其口》

第五章

子曰："道其不行矣夫！"

第六章

子曰："舜其大知（同'智'）也与（同'欤'）？舜好问而好察迩（ěr）言，隐恶而扬善，执其两端，用其中于民，其斯以为舜乎？"

第七章

子曰："人皆曰予知（同'智'），驱而纳诸罟(gǔ)擭(huò)陷阱之中，而莫之知辟（同'避'）也。人皆曰予知，择乎中庸，而不能期(jī)月守也。"

第八章

子曰："回之为人也，择乎中庸，得一善，则拳拳服膺(yīng)而弗失之矣。"

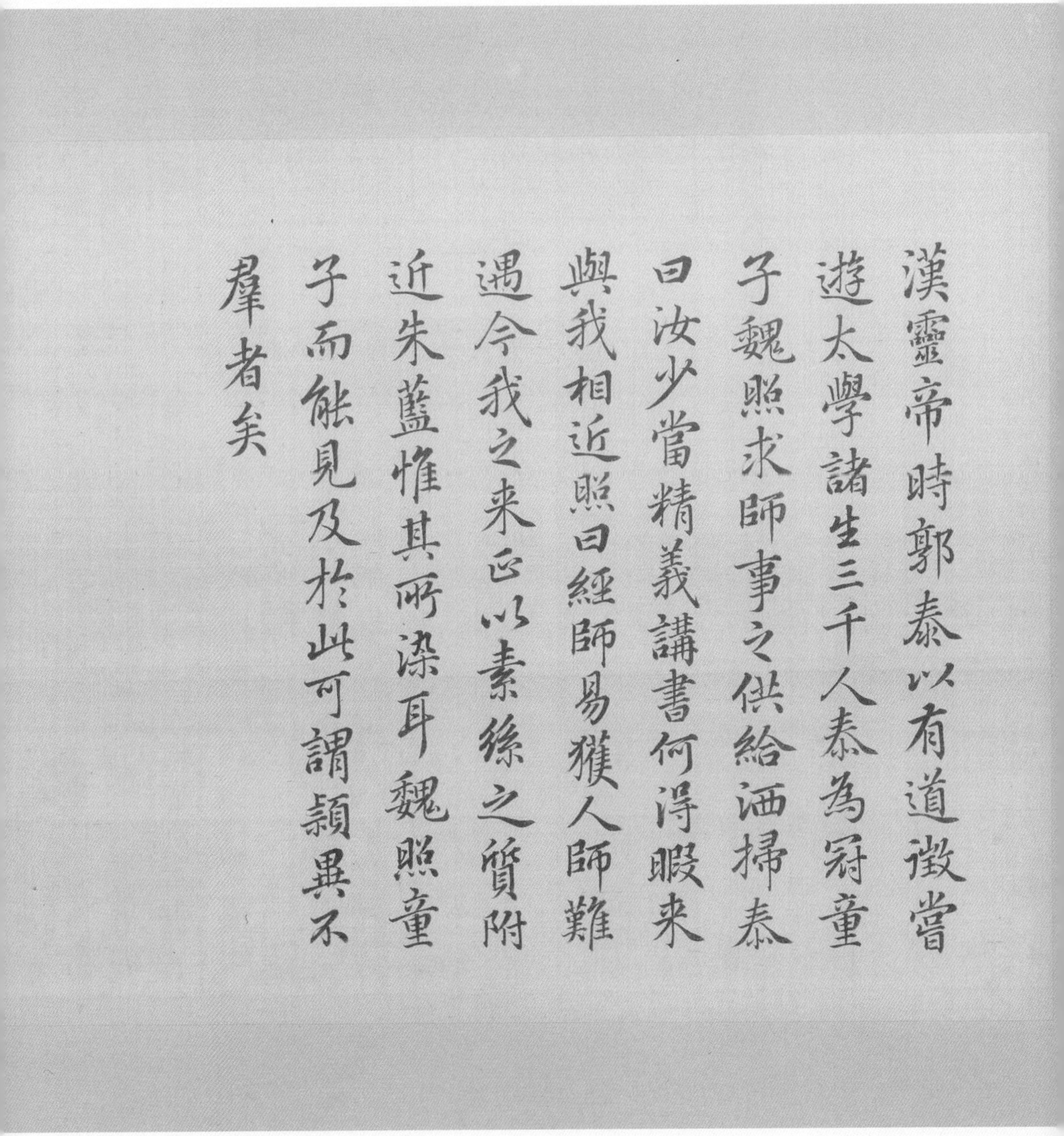
漢靈帝時郭泰以有道徵嘗
遊太學諸生三千人泰為冠童
子魏照求師事之供給洒掃泰
曰汝少當精義講書何得暇来
與我相近照曰經師易獲人師難
遇今我之来正以素絲之質附
近朱藍惟其所染耳魏照童
子而能見及於此可謂穎異不
羣者矣

清·冷枚《养正图册·魏照拜师郭泰》

第九章

子曰：“天下国家可均也，爵禄可辞也，白刃可蹈也，中庸不可能也。”

第十章

子路问强。子曰：“南方之强与（同‘欤’）？北方之强与（同‘欤’）？抑而强与（同‘欤’）？宽柔以教，不报无道，南方之强也，君子居之。衽(rèn)金革，死而不厌，北方之强也，而强者居之。故君子和而不流，强哉矫！中立而不倚，强哉矫！国有道，不变塞焉，强哉矫！国无道，至死不变，强哉矫！”

子路（清·佚名《至圣先贤半身像册》）

第十一章

子曰："素隐行怪，后世有述焉，吾弗为之矣。君子遵道而行，半涂（同'途'）而废，吾弗能已矣。君子依乎中庸，遁世不见知而不悔，唯圣者能之。"

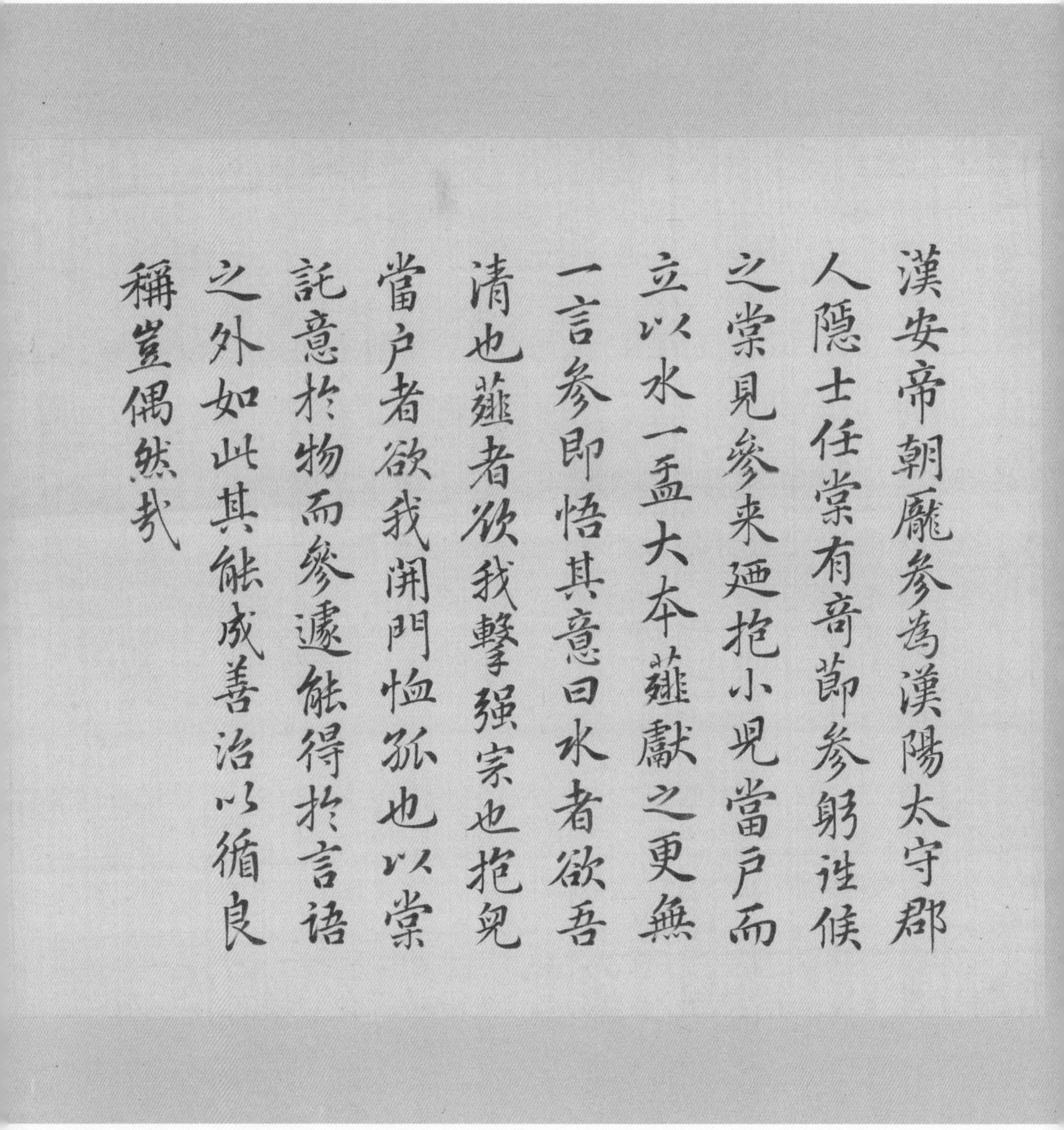

漢安帝朝龐參爲漢陽太守郡
人隱士任棠有奇節參躬詣候
之棠見參來迺抱小兒當戶而
立以水一盂大本薤獻之更無
一言參即悟其意曰水者欲吾
清也薤者欲我擊强宗也抱兒
當戶者欲我開門恤孤也以棠
託意於物而參遽能得於言語
之外如此其能成善治以循良
稱豈偶然哉

清·冷枚《养正图册·庞参恤孤》

第十二章

君子之道，费而隐。夫妇之愚，可以与知焉；及其至也，虽圣人亦有所不知焉。夫妇之不肖，可以能行焉；及其至也，虽圣人亦有所不能焉。天地之大也，人犹有所憾。故君子语大，天下莫能载焉；语小，天下莫能破焉。《诗》云：“鸢[yuān]飞戾天，鱼跃于渊。”言其上下察也。君子之道，造端乎夫妇，及其至也，察乎天地。

第十三章

子曰："道不远人，人之为道而远人，不可以为道。《诗》云：'伐柯伐柯，其则不远。'执柯以伐柯，睨(nì)而视之，犹以为远。故君子以人治人，改而止。忠恕违道不远，施诸己而不愿，亦勿施于人。君子之道四，丘未能一焉。所求乎子，以事父，未能也；所求乎臣，以事君，未能也；所求乎弟，以事兄，未能也；所求乎朋友，先施之，未能也。庸德之行，庸言之谨。有所不足，不敢不勉；有余，不敢尽。言顾行，行顾言，君子胡不慥(zào)慥(zào)尔！"

“伐柯伐柯，其则不远”（南宋·马和之《诗经·豳风·伐柯》）

伐柯

第十四章

君子素其位而行，不愿乎其外。素富贵，行乎富贵；素贫贱，行乎贫贱；素夷狄，行乎夷狄；素患难，行乎患难。君子无入而不自得焉。

在上位，不陵下；在下位，不援上。正己而不求于人，则无怨。上不怨天，下不尤人。故君子居易以俟(sì)命，小人行险以徼(jiǎo)幸。子曰：“射有似乎君子，失诸正鹄(gǔ)，反求诸其身。”

第十五章

君子之道，辟（同“譬”）如行远必自迩，辟如登高必自卑。《诗》曰：“妻子好合，如鼓瑟琴。兄弟既翕(xī)，和乐且耽。宜尔室家，乐尔妻帑(nú)。”子曰：“父母其顺矣乎！”

“兄弟既翕，和乐且湛”（南宋·马和之《诗经·小雅·常棣》）

常棣燕兄弟也閔管蔡之失道故
作常棣焉常棣之華鄂不韡韡凡
今之人莫如兄弟死喪之威兄弟
孔懷原隰裒矣兄弟求矣脊令在
原兄弟急難每有良朋況也永嘆
兄弟鬩于牆外禦其務每有良朋
烝也無戎喪亂既平既安且寧雖
有兄弟不如友生儐爾籩豆飲酒
之飫兄弟既具和樂且孺妻子好
合如鼓瑟琴兄弟既翕和樂且湛
宜爾家室樂爾妻帑是究是圖亶
其然乎

常棣

第十六章

子曰："鬼神之为德，其盛矣乎！视之而弗见，听之而弗闻，体物而不可遗。使天下之人齐(zhāi)（同'斋'）明盛服，以承祭祀。洋洋乎如在其上，如在其左右。《诗》曰：'神之格思，不可度(duó)思，矧(shěn)可射思。'夫微之显，诚之不可掩，如此夫！"

第十七章

子曰：“舜其大孝也与！德为圣人，尊为天子，富有四海之内。宗庙飨（xiǎng）之，子孙保之。故大德，必得其位，必得其禄，必得其名，必得其寿。故天之生物，必因其材而笃焉。故栽者培之，倾者覆之。《诗》曰：‘嘉乐君子，宪宪令德！宜民宜人，受禄于天。保佑命之，自天申之！’故大德者必受命。”

明・佚名《二十四孝图册・舜帝感天》

第十八章

子曰："无忧者其唯文王乎？以王季为父，以武王为子；父作之，子述之。武王缵(zuǎn)大(tài)（通'太'）王、王季、文王之绪，壹戎衣而有天下，身不失天下之显名。尊为天子，富有四海之内。宗庙飨之，子孙保之。武王末受命，周公成文、武之德，追王(wàng)大王、王季，上祀先公以天子之礼。斯礼也，达乎诸侯、大夫及士、庶人。父为大夫，子为士，葬以大夫，祭以士。父为士，子为大夫；葬以士，祭以大夫。期(jī)之丧，达乎大夫；三年之丧，达乎天子。父母之丧，无贵贱，一也。"

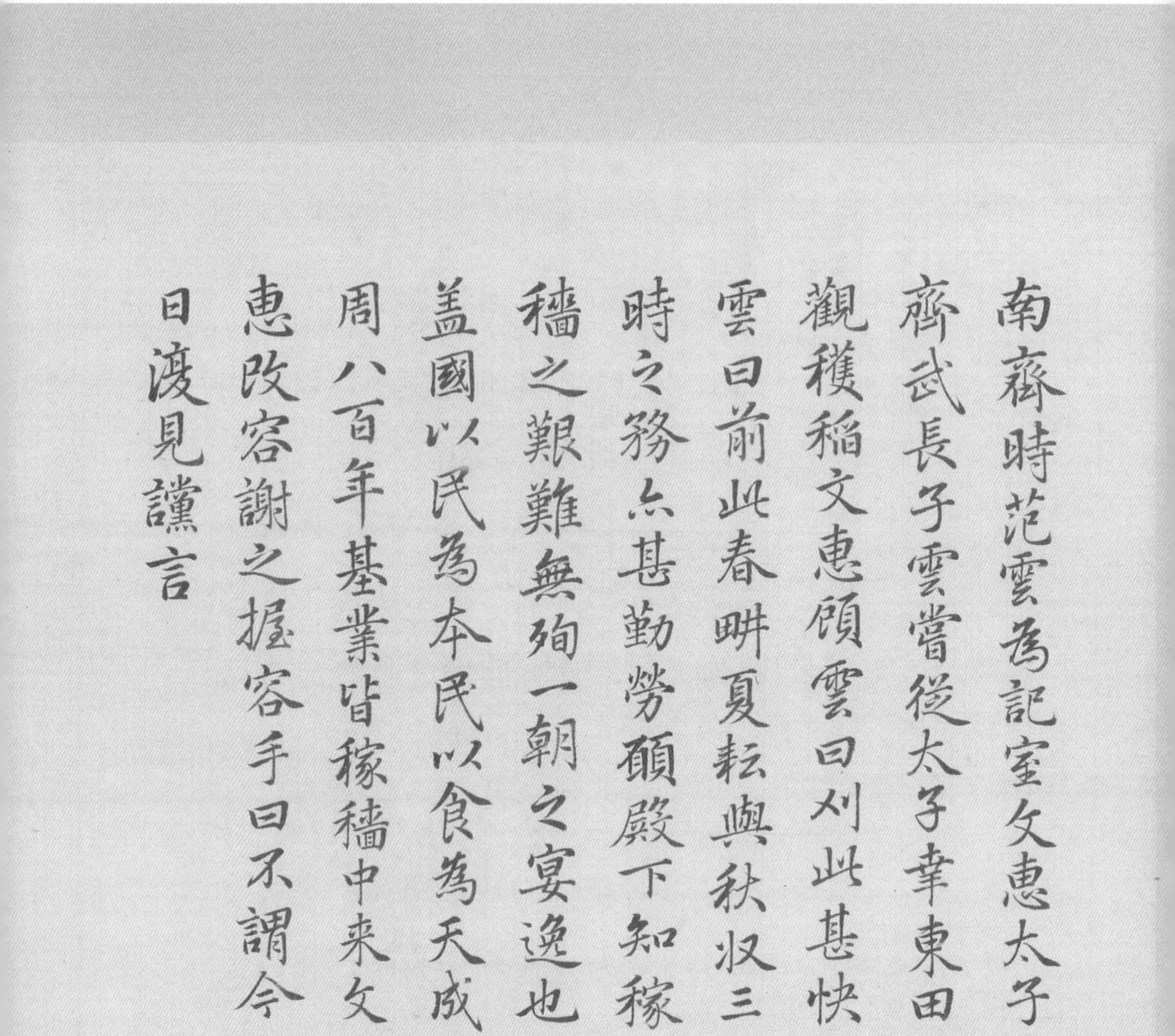
南齊時范雲為記室文惠太子
齊武長子雲嘗從太子幸東田
觀穫稻文惠顧雲曰刈此甚快
雲曰前此春耕夏耘與秋收三
時之務亦甚勤勞願殿下知稼
穡之艱難無殉一朝之宴逸也
蓋國以民為本民以食為天成
周八百年基業皆稼穡中來文
惠改容謝之握容手曰不謂今
日渡見讜言

清·冷枚《养正图册·范云劝谏太子》

第十九章

子曰：“武王、周公其达孝矣乎？夫孝者，善继人之志，善述人之事者也。春秋，修其祖庙，陈其宗器，设其裳(cháng)衣，荐其时食。宗庙之礼，所以序昭穆也；序爵，所以辨贵贱也；序事，所以辨贤也；旅酬下为上，所以逮(dài)贱也；燕毛，所以序齿也。践其位，行其礼，奏其乐，敬其所尊，爱其所亲，事死如事生，事亡如事存，孝之至也。郊社之礼，所以事上帝也；宗庙之礼，所以祀乎其先也。明乎郊社之礼、禘(dì)尝之义，治国其如示诸掌乎？”

第二十章

哀公问政。子曰："文武之政，布在方策，其人存，则其政举；其人亡，则其政息。人道敏政，地道敏树。夫政也者，蒲卢也。故为政在人，取人以身，修身以道，修道以仁。仁者，人也，亲亲为大；义者，宜也，尊贤为大。亲亲之杀，尊贤之等，礼所生也。在下位不获乎上，民不可得而治矣。故君子不可以不修身，思修身，不可以不事亲；思事亲，不可以不知人；思知人，不可以不知天。天下之达道五，所以行之者三，曰：君臣也，父子也，夫妇也，昆弟也，朋友之交也。五者，天下之达道也。知（同'智'）、仁、

法国·禄是遒《孔子圣迹图·梦见周公》

法国·禄是遒《孔子圣迹图·西狩获麟》

勇三者，天下之达德也，所以行之者，一也。或生而知之，或学而知之，或困而知之，及其知之，一也；或安而行之，或利而行之，或勉强而行之，及其成功，一也。”

子曰：“好学近乎知，力行近乎仁，知耻近乎勇。知斯三者，则知所以修身；知所以修身，则知所以治人；知所以治人，则知所以治天下国家矣。”

“凡为天下国家有九经，曰：修身也，尊贤也，亲亲也，敬大臣也，体群臣也，子庶民也，来百工也，柔远人也，怀诸侯也。修身则道立，尊贤则不惑，亲亲则诸父昆弟不怨，敬大臣则不眩(xuàn)，体群臣则士之报礼重(zhòng)，子庶民则百姓劝，来百工则财用足，柔远人则四方归之，怀诸侯则天下畏之。

“齐(zhāi)（同‘斋’）明盛服，非礼不动，所以修身也；去谗远色，贱货而贵德，所以劝贤也；尊其位，重其禄，同其好恶，所以劝亲亲也；官盛任使，所以劝大臣也；忠信重禄，所以劝士也；时使薄敛，所以劝百姓也；日省(xǐng)月试，既廪(lǐn)称事，所以劝百工也；送往迎来，嘉善而矜不能，所以柔远人也；继绝世，举废国，治乱持危，朝聘以时，厚往而薄来，所以怀诸侯也。凡为天下国家有九经，所以行之者，一也。”

凡事豫则立，不豫则废。言前定则不跲（jiá），事前定则不困，行前定则不疚，道前定则不穷。

在下位不获乎上，民不可得而治矣。获乎上有道，不信乎朋友，不获乎上矣；信乎朋友有道，不顺乎亲，不信乎朋友矣；顺乎亲有道，反诸身不诚，不顺乎亲矣；诚身有道，不明乎善，不诚乎身矣。

诚者，天之道也；诚之者，人之道也。诚者，不勉而中，不思而得，从容中道，圣人也；诚之者，择善而固执之者也。

博学之，审问之，慎思之，明辨之，笃行之。有弗学，学之弗能，弗措也；有弗问，问之弗知，弗措也；有弗思，思之弗得，弗措也；有弗辨，辨之弗明，弗措也；有弗行，行之弗笃，弗措也。人一能之己百之，人十能之己千之。果能此道矣，虽愚必明，虽柔必强。

唐太宗引諸衛將卒諭之曰邊
逹侵亂中國自古有之不足為
患患在邊境稍寧則人主逸游
忘戰不復隄備故寇来莫能禦
深足為患朕不使汝穿池築苑
以供役使專習弓矢居閒無事
則操練教習為汝之師萬一邊
庭有警則統領出征為汝之將
每日引領數百人教射於殿廷
不出數年武藝精熟

清・冷枚《养正图册・唐太宗励精图治》

第二十一章

自诚明，谓之性；自明诚，谓之教。诚则明矣，明则诚矣。

第二十二章

唯天下至诚，为能尽其性；能尽其性，则能尽人之性；能尽人之性，则能尽物之性；能尽物之性，则可以赞天地之化育；可以赞天地之化育，则可以与天地参矣。

第二十三章

其次致曲。曲能有诚，诚则形，形则著，著则明，明则动，动则变，变则化。唯天下至诚为能化。

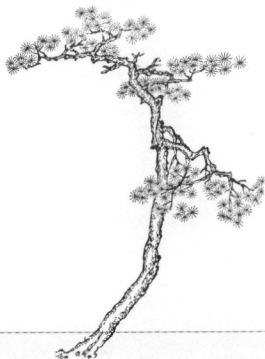

第二十四章

至诚之道，可以前知。国家将兴，必有祯(zhēn)祥；国家将亡，必有妖孽。见乎蓍(shī)龟，动乎四体。祸福将至：善，必先知之；不善，必先知之。故至诚如神。

唐玄宗時宰相韓休為人峭直不干榮利玄宗有時宮中宴樂及後苑遊獵或舉動稍過差輒謂左右曰韓休知否言終諫疏已至御前玄宗嘗臨鏡默然不樂左右曰自韓休為相陛下殊瘦於舊何不逐之以自快樂玄宗嘆曰我貌雖瘦天下必肥豈可愛一身而忘天下乎

清·冷枚《养正图册·韩休直谏唐玄宗》

第二十五章

诚者自成也，而道自道也。诚者，物之终始，不诚无物。是故君子诚之为贵。诚者，非自成己而已也，所以成物也。成己，仁也；成物，知也。性之德也，合外内之道也，故时措之宜也。

第二十六章

故至诚无息，不息则久。久则征，征则悠远，悠远则博厚，博厚则高明。博厚，所以载物也；高明，所以覆物也；悠久，所以成物也。博厚配地，高明配天，悠久无疆。如此者，不见而章，不动而变，无为而成。

天地之道，可壹言而尽也。其为物不贰，则其生物不测。天地之道，博也，厚也，高也，明也，悠也，久也。今夫(fú)天，斯昭昭之多，及其无穷也，日月星辰系焉，万物覆焉。今夫地，一撮(cuō)土之多，及其广厚，载华岳而不重，振河海而不泄，万物载焉。今夫山，一卷(quán)石之多，及其广大，草木生之，禽兽居之，宝藏兴焉。今夫水，一勺之多，及其不测，鼋(yuán)鼍(tuó)蛟龙鱼鳖生焉，货财殖焉。

《诗》云：“维天之命，於(wū)穆不已。”盖曰天之所以为天也。“於(wū)乎不显，文王之德之纯。”盖曰文王之所以为文也，纯亦不已。

第二十七章

大哉！圣人之道，洋洋乎！发育万物，峻极于天！优优大哉！礼仪三百，威仪三千，待其人然后行。故曰：“苟不至德，至道不凝焉。”故君子尊德性而道问学，致广大而尽精微，极高明而道中庸。温故而知新，敦厚以崇礼。是故，居上不骄，为下不悖。国有道，其言足以兴；国无道，其默足以容。《诗》曰：“既明且哲，以保其身。”其此之谓与（同“欤”）？

“维天之命”（南宋·马和之《诗经·周颂·维天之命》）

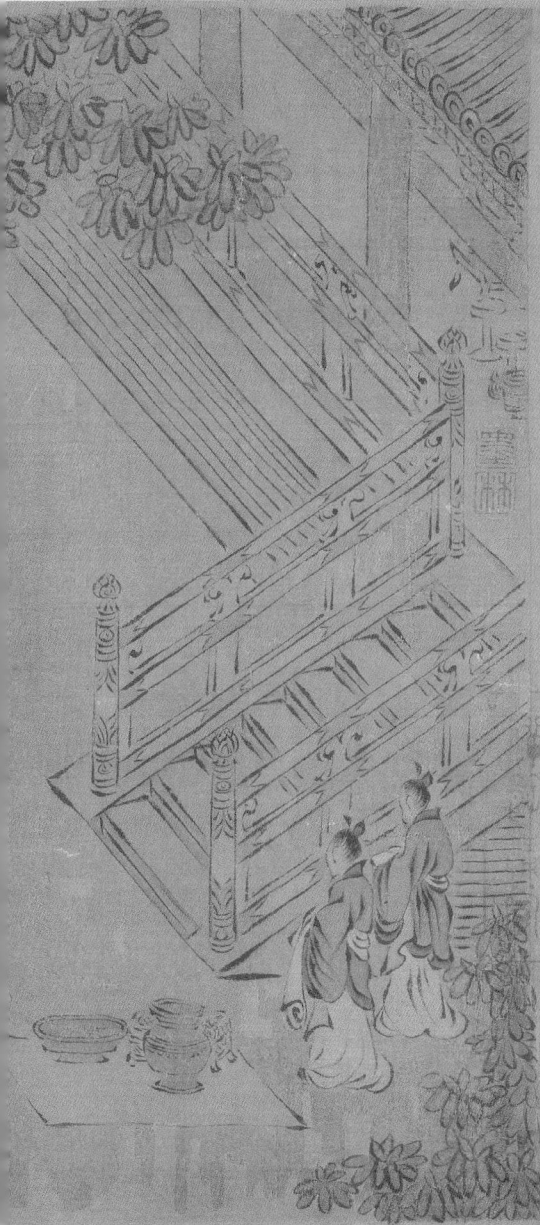

維天之命大平告文王也維天
之命於穆不已於乎不顯文王
之德之純假以溢我我其收之
駿惠我文王曾孫篤之

維天之命

第二十八章

子曰："愚而好自用，贱而好自专。生乎今之世，反古之道。如此者，灾及其身者也。"

非天子，不议礼，不制度，不考文。今天下，车同轨，书同文，行同伦。虽有其位，苟无其德，不敢作礼乐焉；虽有其德，苟无其位，亦不敢作礼乐焉。

子曰："吾说夏礼，杞不足征也。吾学殷礼，有宋存焉；吾学周礼，今用之，吾从周。"

第二十九章

王（wàng）天下有三重焉，其寡过矣乎？上焉者，虽善无征，无征不信，不信民弗从；下焉者，虽善不尊，不尊不信，不信民弗从。故君子之道，本诸身，征诸庶民，考诸三王而不缪（miù），建诸天地而不悖，质诸鬼神而无疑，百世以俟圣人而不惑。质诸鬼神而无疑，知天也；百世以俟圣人而不惑，知人也。是故，君子动而世为天下道，行而世为天下法，言而世为天下则。远之则有望，近之则不厌。曰："在彼无恶，在此无射（yì）。庶几夙（sù）夜，以永终誉。"君子未有不如此，而蚤（zǎo）（通"早"）有誉于天下者也。

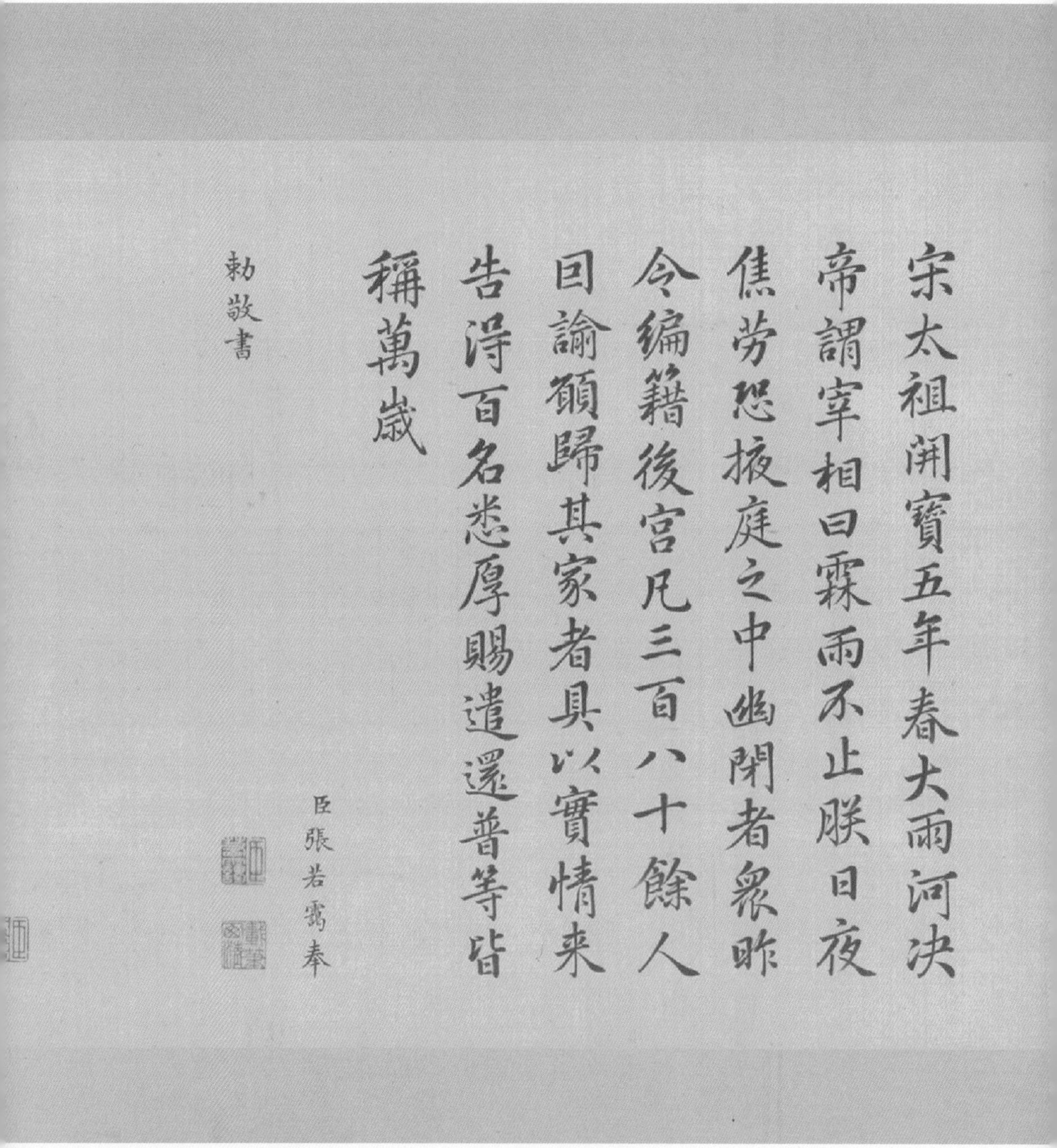
宋太祖開寶五年春大雨河決
帝謂宰相曰霖雨不止朕日夜
焦勞恐掖庭之中幽閉者衆昨
令编籍後宮凡三百八十餘人
因諭願歸其家者具以實情来
告得百名悉厚賜遣還普等皆
稱萬歲

臣張若靄奉
勅敬書

清・冷枚《养正图册・宋太祖遣归后宫》

第三十章

仲尼祖述尧舜，宪章文武；上律天时，下袭水土。辟（同“譬”）如天地之无不持载，无不覆帱(dào)；辟如四时之错行，如日月之代明。万物并育而不相害，道并行而不相悖。小德川流，大德敦化。此天地之所以为大也。

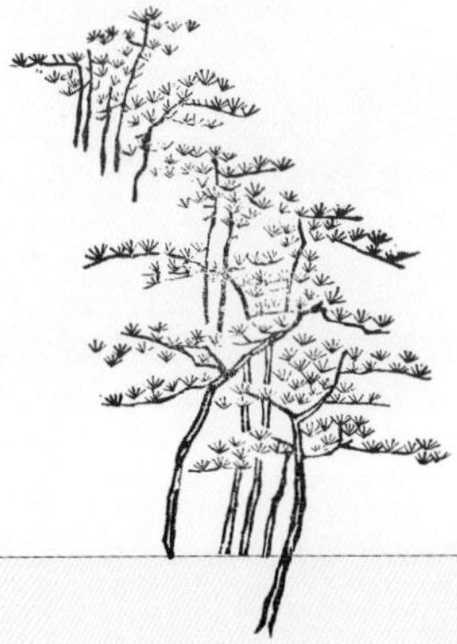

第三十一章

唯天下至圣，为能聪明睿知(zhì)（同“智”），足以有临也；宽裕温柔，足以有容也；发强刚毅，足以有执也；齐(zhāi)庄中正，足以有敬也；文理密察，足以有别也。溥(pǔ)博渊泉，而时出之。溥博如天，渊泉如渊。见而民莫不敬，言而民莫不信，行而民莫不说（同“悦”）。是以声名洋溢乎中国，施及蛮貊(mò)，舟车所至，人力所通，天之所覆，地之所载，日月所照，霜露所队(zhuì)（同“坠”）。凡有血气者，莫不尊亲，故曰配天。

唐中宗嘗諭諸将曰自古邊疆之患每于太平之時不修武備偶一告急則無以應今幸有稍閑時習弓弩于是諸将皆勤于武事上親試之賞罰有差

明·王振鹏（传）《养正图卷·唐中宗勤习武备》

第三十二章

唯天下至诚，为能经纶天下之大经，立天下之大本，知天地之化育。夫焉有所倚？肫肫(zhūnzhún)其仁，渊渊其渊，浩浩其天。苟不固聪明圣知（同“智”）达天德者，其孰能知之？

第三十三章

《诗》曰“衣锦尚䌹(jiǒng)”，恶其文之著也。故君子之道，暗然而日章；小人之道，的(dí)然而日亡。君子之道，淡而不厌，简而文，温而理，知远之近，知风之自，知微之显，可与入德矣。

《诗》云：“潜虽伏矣，亦孔之昭(zhāo)。”故君子内省不疚，无恶于志。君子所不可及者，其唯人之所不见乎！

《诗》云：“相(xiàng)在尔室，尚不愧于屋漏。”故君子不动而敬，不言而信。

《诗》曰：“奏假无言，时靡(mǐ)有争。”

“潜虽伏矣，亦孔之昭”（南宋·马和之《诗经·小雅·正月》）

是故君子不赏而民劝，不怒而民威于𫓧(fū)钺(yuè)。

《诗》曰：“不(pī)（通‘丕’）显惟德，百辟其刑之。”是故君子笃恭而天下平。

《诗》曰：“予怀明德，不大声以色。”子曰：“声色之于以化民，末也。”

《诗》曰：“德輶(yóu)如毛。”毛犹有伦。“上天之载，无声无臭。”至矣。

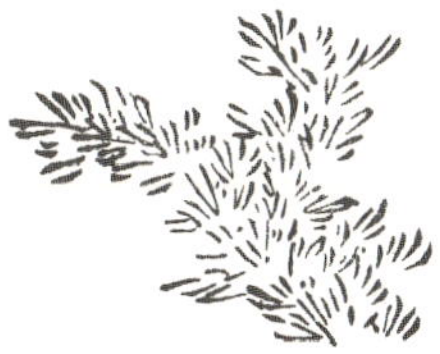

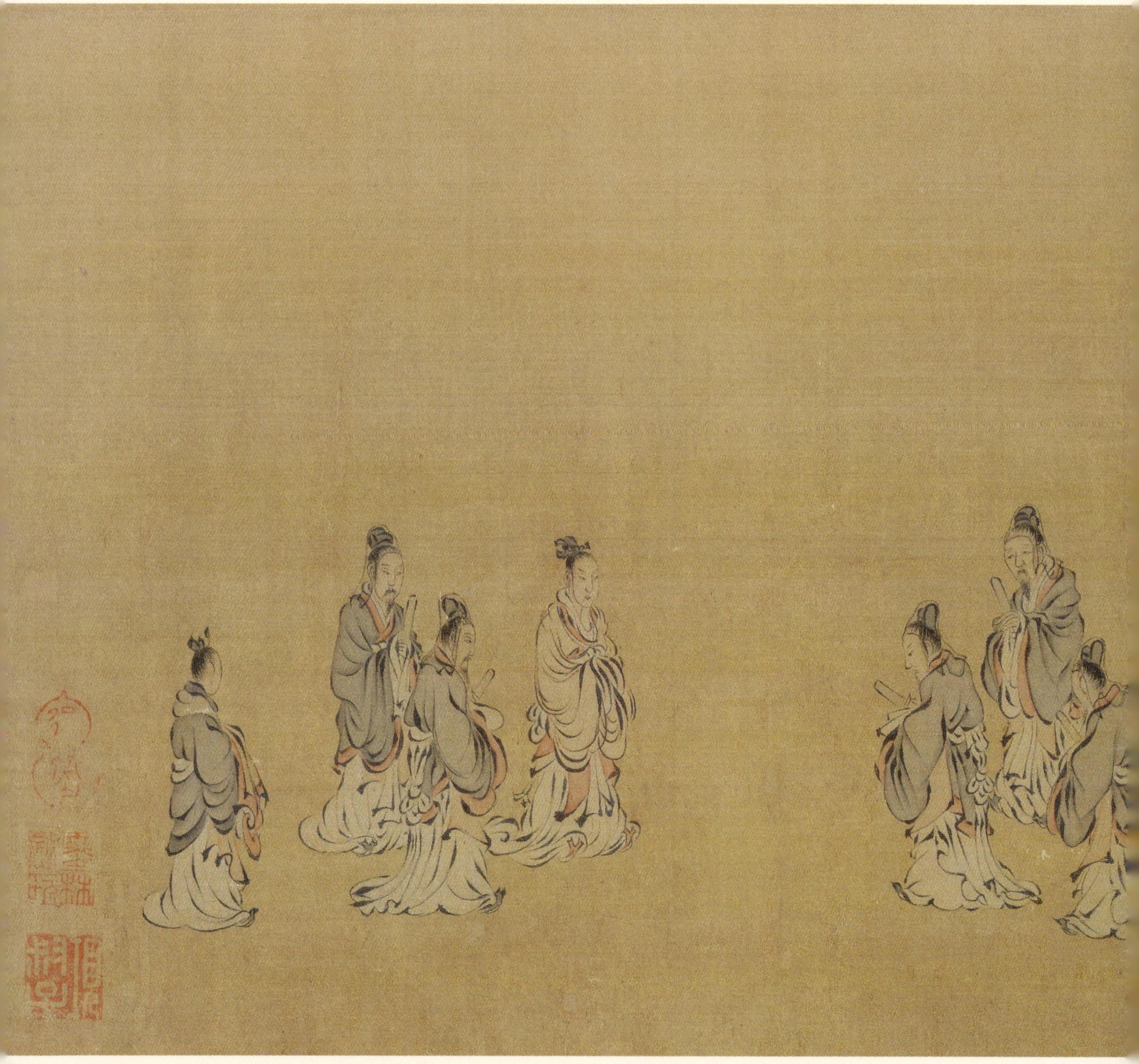

“百辟其刑之”（南宋·马和之《诗经·周颂·烈文》）

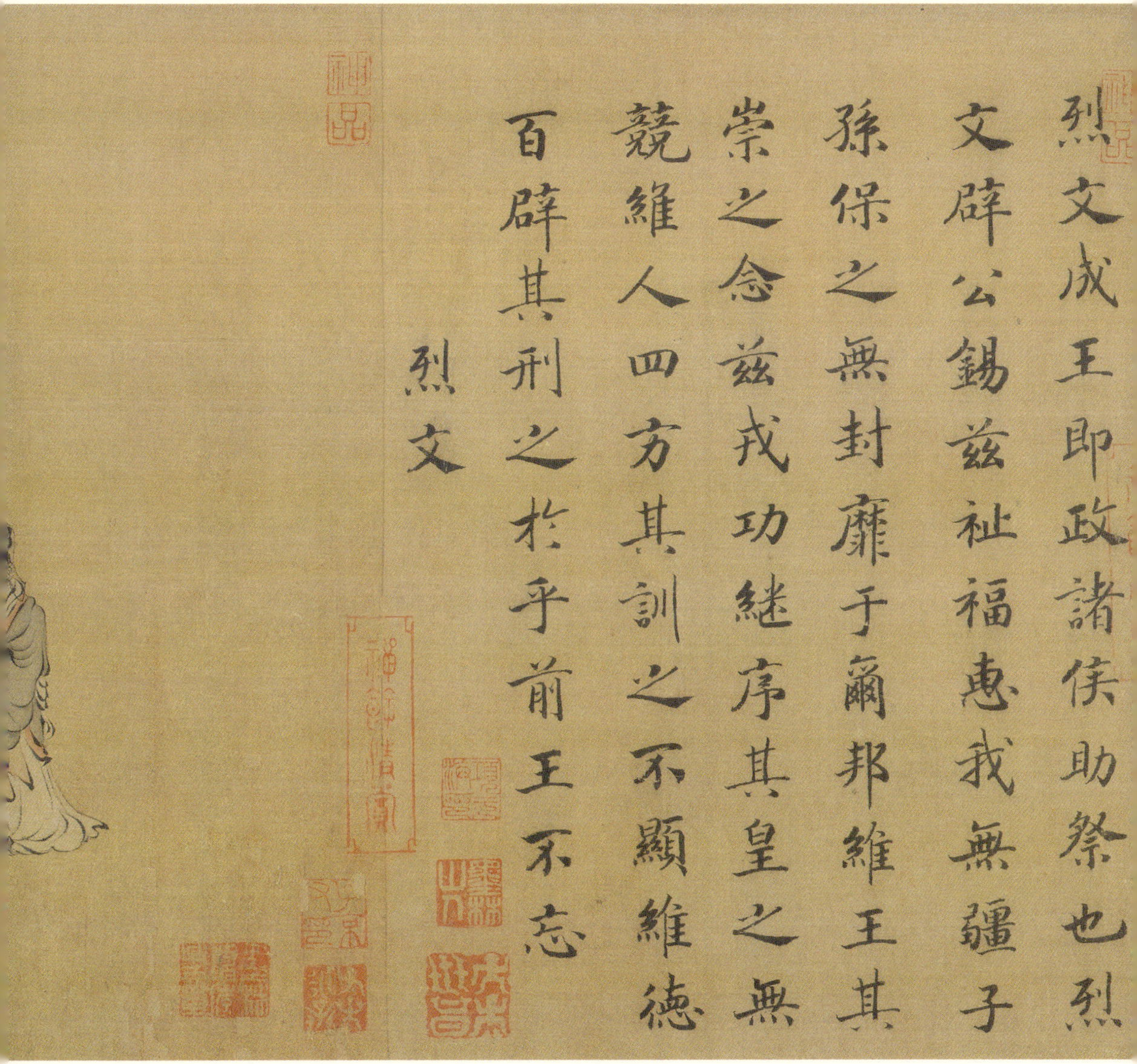
烈文成王即政諸侯助祭也烈
文辟公錫兹祉福惠我無疆子
孫保之無封靡于爾邦維王其
崇之念兹戎功繼序其皇之無
競維人四方其訓之不顯維德
百辟其刑之於乎前王不忘
烈文

書以授孟子。其書始言一理。
中散為萬事。末復合為一理。
放之則彌六合。卷之則退藏
於密。其味無窮。皆實學也。善
讀者玩索。而有得焉。則終身
用之有不能盡者矣。
天命之謂性。率性之謂道。脩道

中庸章句

中者不偏不倚。無過不及之名。庸。平常也。○子程子曰。不偏之謂中。不易之謂庸。中者。天下之正道。庸者。天下之定理。此篇乃孔門傳授心法。子思恐其久而差也故筆之於

一

道也。致中和，天地位焉，萬物育焉。

右第一章。子思述所傳之意以立言。首明道之本原出於天而不可易，其實體備於己而不可離。次言存養省察之要。終言聖神功

之謂教道也者不可須臾離也
可離非道也是故君子戒慎乎
其所不睹恐懼乎其所不聞莫
見乎隱莫顯乎微故君子慎其
獨也喜怒哀樂之未發謂之中
發而皆中節謂之和中也者天
下之大本也和也者天下之達

君子之中庸也君子而時中小人之中庸也小人而無忌憚也

右第二章　此下十章皆論中庸以釋首章之義文雖不屬而意實相承也變和言庸者游氏曰以性情言之則曰中和以德行言

化之極。盖欲學者於此反求諸身而自得之。以去夫外誘之私。而充其本然之善。楊氏所謂一篇之體要是也。其下十章。盖子思引夫子之言。以終此章之義。

仲尼曰。君子中庸。小人反中庸。

也我知之矣。賢者過之。不肖者
不及也。人莫不飲食也。鮮能知
味也。

右第四章。

子曰。道其不行矣夫。

右第五章。此章承上章
而舉其不行之端。以起下

之則曰中庸是也然中庸之中實兼中和之義
子曰中庸其至矣乎民鮮能久矣
右第三章
子曰道之不行也我知之矣知者過之愚者不及也道之不明

皆曰予知。擇乎中庸而不能期。
月守也。
右第七章。承上章大知。
而言。又舉不明之端以起
下章也。
子曰。回之為人也。擇乎中庸。得
一善則拳拳服膺而弗失之矣。

章之意

子曰舜其大知也與舜好問而好察邇言隱惡而揚善執其兩端用其中於民其斯以為舜乎

右第六章

子曰人皆曰予知驅而納諸罟擭陷阱之中而莫之知辟也人

方之强與抑而强與寛柔以教
不報無道南方之强也君子居
之衽金革死而不厭北方之强
也而强者居之故君子和而不
流强哉矯中立而不倚强哉矯
國有道不變塞焉强哉矯國無
道至死不變强哉矯

十二

右第八章。

子曰。天下國家可均也。爵祿可辭也。白刃可蹈也。中庸不可能也。

右第九章。　亦承上章以起下章。

子路問强。子曰。南方之强與。北

夫子之言以明首章之義
者止此盖此篇大旨以知
仁勇三達德為入道之門
故於篇首即以大舜顏淵
子路之事明之舜知也顏
淵仁也子路勇也三者廢
其一則無以造道而成德

右第十章

子曰素隱行怪後世有述焉吾弗為之矣君子遵道而行半塗而廢吾弗能已矣君子依乎中庸遯世不見知而不悔唯聖者能之

右第十一章　子思所引

焉語小天下莫能破焉詩云鳶
飛戾天魚躍于淵言其上下察
也君子之道造端乎夫婦及其
至也察乎天地

右第十二章　子思之言
蓋以申明首章道不可離
之意也其下八章雜引孔

矣餘見第二十章

君子之道費而隱夫婦之愚可以與知焉及其至也雖聖人亦有所不知焉夫婦之不肖可以能行焉及其至也雖聖人亦有所不能焉天地之大也人猶有所憾故君子語大天下莫能載

四丘未能一焉所求乎子以事父未能也所求乎臣以事君未能也所求乎弟以事兄未能也所求乎朋友先施之未能也庸德之行庸言之謹有所不足不敢不勉有餘不敢盡言顧行行顧言君子胡不慥慥爾

子之言以明之

子曰道不遠人人之為道而遠
人不可以為道詩云伐柯伐柯
其則不遠執柯以伐柯睨而視
之猶以為遠故君子以人治人
改而止忠恕違道不遠施諸己
而不願亦勿施於人君子之道

貧賤素夷狄行乎夷狄素患難
行乎患難君子無入而不自得
焉在上位不陵下在下位不援
上正己而不求於人則無怨上
不怨天下不尤人故君子居易
以俟命小人行險以徼幸子曰
射有似乎君子失諸正鵠反求

右第十三章。道不遠人者。夫婦所能。丘未能一者。聖人所不能。皆費也。而其所以然者。則至隱存焉。下章放此。

君子素其位而行。不願乎其外。

素富貴。行乎富貴。素貧賤。行乎

宜爾室家樂爾妻帑子曰父母
其順矣乎
右第十五章
子曰鬼神之為德其盛矣乎視
之而弗見聽之而弗聞體物而
不可遺使天下之人齊明盛服
以承祭祀洋洋乎如在其上如

諸其身

右第十四章　子思之言
也凡章首無子曰字者放
此

君子之道辟如行遠必自邇辟
如登高必自卑詩曰妻子好合
如鼓瑟琴兄弟既翕和樂且耽

大者而言此一章兼費隱
包大小而言
子曰舜其大孝也與德為聖人尊為天子富有四海之內宗廟饗之子孫保之故大德必得其位必得其祿必得其名必得其壽故天之生物必因其材而篤

在其左右詩曰神之格思不可
度思矧可射思夫微之顯誠之
不可揜如此夫
右第十六章　不見不聞
隱也體物如在則亦費矣
此前三章以其費之小者
而言此後三章以其費之

則為體徵矣後二章亦此
意
子曰無憂者其惟文王乎以王
季為父以武王為子父作之子
述之武王纘大王王季文王之
緒壹戎衣而有天下身不失天
下之顯名尊為天子富有四海

焉故栽者培之傾者覆之詩曰

嘉樂君子憲憲令德宜民宜人

受祿于天保佑命之自天申之

故大德者必受命

右第十七章　此由庸行之常推之以極其至見道之用廣也而其所以然者

夫三年之喪達乎天子父母之
喪無貴賤一也

右第十八章

子曰武王周公其達孝矣乎夫
孝者善繼人之志善述人之事
者也春秋脩其祖廟陳其宗器
設其裳衣薦其時食宗廟之禮

之內宗廟饗之子孫保之武王末受命周公成文武之德追王大王王季上祀先公以天子之禮斯禮也達乎諸侯大夫及士庶人父為大夫子為士葬以大夫祭以士父為士子為大夫葬以士祭以大夫期之喪達乎大

以祀乎其先也明乎郊社之禮
禘嘗之義治國其如示諸掌乎

右第十九章

哀公問政子曰文武之政布在
方策其人存則其政舉其人亡
則其政息人道敏政地道敏樹
夫政也者蒲盧也故為政在人

所以序昭穆也序爵所以辨貴賤也序事所以辨賢也旅酬下為上所以逮賤也燕毛所以序齒也踐其位行其禮奏其樂敬其所尊愛其所親事死如事生事亡如事存孝之至也郊社之禮所以事上帝也宗廟之禮所

不可以不知天天下之達道五
所以行之者三曰君臣也父子
也夫婦也昆弟也朋友之交也
五者天下之達道也知仁勇三
者天下之達德也所以行之者
一也或生而知之或學而知之
或困而知之及其知之一也或

取人以身脩身以道脩道以仁仁者人也親親為大義者宜也尊賢為大親親之殺尊賢之等禮所生也在下位不獲乎上民不可得而治矣故君子不可以不脩身思脩身不可以不事親思事親不可以不知人思知人

三十一

脩身也尊賢也親親也敬大臣也體羣臣也子庶民也来百工也柔遠人也懷諸侯也脩身則道立尊賢則不惑親親則諸父昆弟不怨敬大臣則不眩體羣臣則士之報禮重子庶民則百姓勸来百工則財用足柔遠人

安而行之或利而行之或勉强而行之及其成功一也子曰好學近乎知力行近乎仁知恥近乎勇知斯三者則知所以脩身知所以脩身則知所以治人知所以治人則知所以治天下國家矣凡為天下國家有九經曰

也日省月試既稟稱事所以勸
百工也送往迎来嘉善而矜不
能所以柔遠人也繼絶世舉廢
國治亂持危朝聘以時厚往而
薄来所以懷諸侯也凡為天下
國家有九經所以行之者一也
凡事豫則立不豫則廢言前定

三十六

則四方歸之懷諸侯則天下畏之齊明盛服非禮不動所以脩身也去讒遠色賤貨而貴德所以勸賢也尊其位重其祿同其好惡所以勸親親也官盛任使所以勸大臣也忠信重祿所以勸士也時使薄歛所以勸百姓

道不明乎善不誠乎身矣誠者
天之道也誠之者人之道也誠
者不勉而中不思而得從容中
道聖人也誠之者擇善而固執
之者也博學之審問之慎思之
明辨之篤行之有弗學學之弗
能弗措也有弗問問之弗知弗

則不跲事前定則不困行前定
則不疚道前定則不窮在下位
不獲乎上民不可得而治矣獲
乎上有道不信乎朋友不獲乎
上矣信乎朋友有道不順乎親
不信乎朋友矣順乎親有道反
諸身不誠不順乎親矣誠身有

之緒明其所傳之一致舉而措之亦猶是爾盖包費隱兼小大以終十二章之意章内語誠始詳而所謂誠者實此篇之樞紐也又按孔子家語亦載此章而其文尤詳成功一也之下

措也。有弗思，思之弗得弗措也。有弗辨，辨之弗明弗措也。有弗行，行之弗篤弗措也。人一能之，己百之；人十能之，己千之。果能此道矣，雖愚必明，雖柔必强。

右第二十章。此引孔子之言，以繼大舜文武周公

下家語無之意彼有闕文抑此或子思所補也歟

自誠明謂之性自明誠謂之教誠則明矣明則誠矣

右第二十一章　子思承上章夫子天道人道之意而立言也自此以下十二

有公曰子之言美矣至矣
寡人實固不足以成之也
故其下復以子曰起荅辭
今無此問辭而猶有子曰
二字葢子思刪其繁文以
附于篇而所刪有不盡者
今當為衍文也博學之以

矣。

右第二十二章。言天道也。

其次致曲。曲能有誠。誠則形。形則著。著則明。明則動。動則變。變則化。唯天下至誠為能化。

右第二十三章。言人道

章皆子思之言以反覆推
明此章之意
唯天下至誠為能盡其性能盡
其性則能盡人之性能盡人之
性則能盡物之性能盡物之性
則可以贊天地之化育可以贊
天地之化育則可以與天地參

也

誠者自成也而道自道也誠者物之終始不誠無物是故君子誠之為貴誠者非自成己而已也所以成物也成己仁也成物知也性之德也合內外之道也故時措之宜也

也

至誠之道可以前知國家將興必有禎祥國家將亡必有妖孽見乎蓍龜動乎四體禍福將至善必先知之不善必先知之故至誠如神

右第二十四章　言天道

此者不見而章不動而變無為
而成天地之道可一言而盡也
其為物不貳則其生物不測天
地之道博也厚也高也明也悠
也久也今夫天斯昭昭之多及
其無窮也日月星辰繫焉萬物
覆焉今夫地一撮土之多及其

右第二十五章　言人道也

故至誠無息不息則久久則徵
徵則悠遠悠遠則博厚博厚則
高明博厚所以載物也高明所
以覆物也悠久所以成物也博
厚配地高明配天悠久無疆如

於乎不顯文王之德之純盖曰
文王之所以為文也純亦不已
右第二十六章　言天道
也
大哉聖人之道洋洋乎發育萬
物峻極于天優優大哉禮儀三
百威儀三千待其人而後行故

廣厚載華嶽而不重振河海而
不洩萬物載焉今夫山一卷石
之多及其廣大草木生之禽獸
居之寶藏興焉今夫水一勺之
多及其不測黿鼉蛟龍魚鼈生
焉貨財殖焉詩云維天之命於
穆不已盖曰天之所以為天也

與

右第二十七章　言人道也

子曰愚而好自用賤而好自專生乎今之世反古之道如此者烖及其身者也非天子不議禮不制度不考文今天下車同軌

曰苟不至德至道不凝焉故君
子尊德性而道問學致廣大而
盡精微極高明而道中庸溫故
而知新敦厚以崇禮是故居上
不驕為下不倍國有道其言足
以興國無道其默足以容詩曰
既明且哲以保其身其此之謂

為下不倍而言亦人道也。
王天下有三重焉。其寡過矣乎。上焉者雖善無徵。無徵不信。不信民弗從。下焉者雖善不尊。不尊不信。不信民弗從。故君子之道本諸身。徵諸庶民。考諸三王而不謬。建諸天地而不悖。質諸

書同文行同倫雖有其位苟無其德不敢作禮樂焉雖有其德苟無其位亦不敢作禮樂焉子曰吾說夏禮杞不足徵也吾學殷禮有宋存焉吾學周禮今用之吾從周

右第二十八章　承上章

夜以永終譽君子未有不如此
而蚤有譽於天下者也

右第二十九章　承上章

居上不驕而言亦人道也

仲尼祖述堯舜憲章文武上律
天時下襲水土辟如天地之無
不持載無不覆幬辟如四時之

鬼神而無疑百世以俟聖人而
不惑質諸鬼神而無疑知天也
百世以俟聖人而不惑知人也
是故君子動而世為天下道行
而世為天下法言而世為天下
則遠之則有望近之則不厭詩
曰在彼無惡在此無射庶幾夙

也發強剛毅足以有執也齊莊中正足以有敬也文理密察足以有別也溥博淵泉而時出之溥博如天淵泉如淵見而民莫不敬言而民莫不信行而民莫不說是以聲名洋溢乎中國施及蠻貊舟車所至人力所通天

錯行如日月之代明萬物並育而不相害道並行而不相悖小德川流大德敦化此天地之所以為大也

右第三十章　言天道也

唯天下至聖為能聰明睿知足以有臨也寬裕溫柔足以有容

大經立天下之大本知天地之
化育夫焉有所倚肫肫其仁淵
淵其淵浩浩其天苟不固聰明
聖知達天德者其孰能知之
右第三十二章　承上章
而言大德之敦化亦天道
也前章言至聖之德此章

之所覆。地之所載。日月所照。霜
露所隊。凡有血氣者。莫不尊親。
故曰配天。
右第三十一章。承上章
而言小德之川流。亦天道
也。

唯天下至誠。為能經綸天下之

之道的然而日亡君子之道淡而不厭簡而文温而理知遠之近知風之自知微之顯可與入德矣詩云潛雖伏矣亦孔之昭故君子内省不疚無惡於志君子之所不可及者其唯人之所不見乎詩云相在爾室尚不愧

言至誠之道然至誠之道

非至聖不能知至聖之德

非至誠不能為則亦非二

物矣此篇言聖人天道之

極致至此而無以加矣

詩曰衣錦尚絅惡其文之著也

故君子之道闇然而日章小人

詩云德輶如毛毛猶有倫上天之載無聲無臭至矣

右第三十三章　子思因前章極致之言反求其本復自下學為己謹獨之事推而言之以馴致乎篤恭而天下平之盛又贊其妙

于屋漏故君子不動而敬不言而信詩曰奏假無言時靡有爭是故君子不賞而民勸不怒而民威於鈇鉞詩曰不顯惟德百辟其刑之是故君子篤恭而天下平詩云予懷明德不大聲以色子曰聲色之於以化民末也

至於無聲無臭而後已焉。蓋舉一篇之要而約言之。其反復。丁寧示人之意至深切矣。學者其可不盡心乎。

中庸章句終